Laternen fürs ganze Jahr

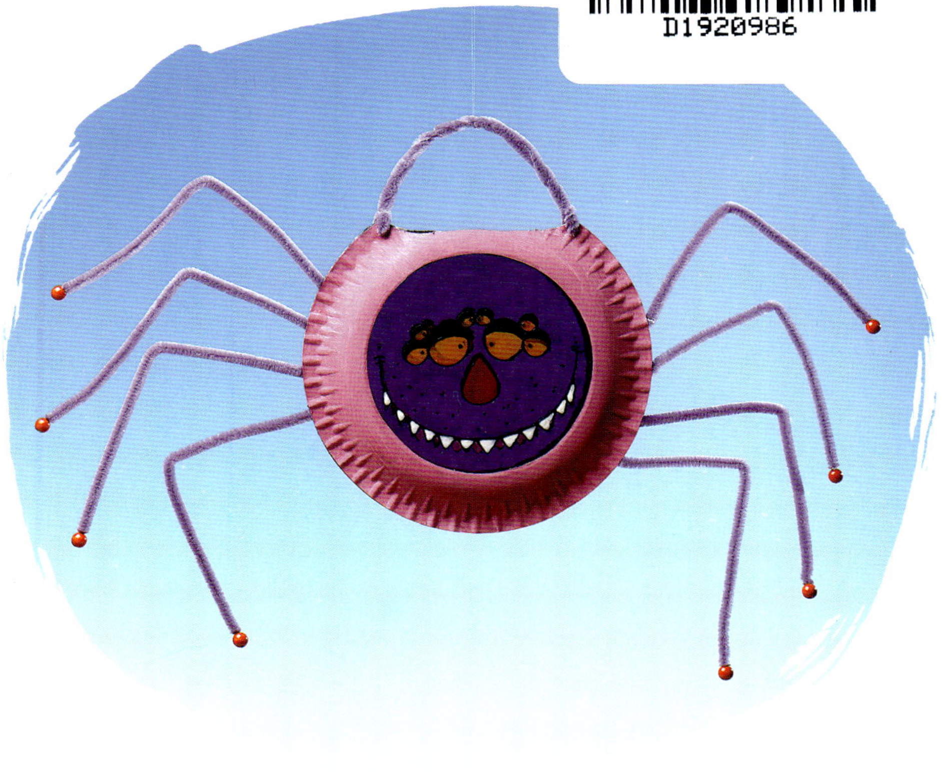

Maja Rabe

Spinnderella (Abb. Seite 1)

Material

* schwarze Window Color Kontur
* Window Color: weiß, orange, rot, lila, grün
* 2 Pappteller, Ø 23 cm
* lila Bastelfarbe
* Mobilefolie
* lila Biegeplüsch
* 8 Holzperlen, Ø 10 mm

Die Spinnengesichter mit Window Color malen und trocknen lassen. Die Pappteller laut der Anleitung von Seite 5 vorbereiten. Wenn das Gesicht trocken ist, wird es in den runden Ausschnitt geklebt. Vier der fünf Biegeplüschdrähte teilen und je an ein Ende eine Perle kleben. Die Pappteller zusammenkleben und die Spinnenbeine dazwischen platzieren. Zuletzt mit einer Lochzange die Löcher für den Biegeplüschbügel stanzen und den Bügel einhängen.

Impressum:

ISBN: 3-935997-43-4 Best.-Nr.: 97434

Fotos: Peter Wirtz, Dormagen
Styling: Angelika Nowotny
Grafik/Zeichnungen: Daria Broda
Lithos: IMS Integrated Media Solutions GmbH, Köln
Layout/Satz/Bildbearbeitung: Marion Haustein, Dormagen
Druck: Grenz-Echo, Eupen www.grenzecho.be

Auflage: 8. 7. 6. 5. 4. 3. 2. Rechte Zahl ist maßgebend.
Jahr: 2006 2005 2004 2003

Vorwort

Laternen sind immer ein Thema. Aber zum Laternenumzug, einmal im Jahr, möchte jedes Kind die schönste Laterne leuchten lassen. Da sind stets neue Ideen gefragt. Originell und schön sollte sie sein, aber auch nicht zu schwer zu basteln. Nicht nur für Kinder sind Laternen ein schönes Leuchtobjekt. Sie eignen sich auch bestens für eine Tischdekoration oder leuchten auf einer Halloween-, Geburtstags- oder Gartenparty. Für alle Anlässe, für große oder kleine Leute – in diesem Buch findet jeder die richtige Laterne.

Viel Spaß beim Basteln wünscht

Maja Rabe

Material & Werkzeug

Tonkarton

Bleistift

Konturenfarbe

Window Color

schwarzer wasserfester Filzstift, verschiedene normale Filzstifte

Pinsel

Heißklebepistole

flüssiger Klebstoff

doppelseitiges Klebeband

Holzperlen

Schere

Cutter

Lochzange

Draht

Biegeplüsch

Außerdem:

Transparentpapier, Laternenzuschnitte, Käseschachteln, Mobilefolie, Drahtbügel, Kerzen, Kerzenhalter, Teelichter

So wird's gemacht!

Übertragen der Motive

Transparentpapier auf das ausgewählte Motiv legen und mit einem Bleistift die Konturen ohne Überschneidungen übertragen. Nachdem alle Teile aufgezeichnet sind, das Transparentpapier auf einen dünnen Karton kleben. Die Motivteile nun sauber ausschneiden und die Vorlage ist fertig. Mit diesen Schablonen wird das Übertragen auf das benötigte Material zum Kinderspiel. Wenn alle Motivteile ausgeschnitten sind, kann mit dem Zusammensetzen der Laterne begonnen werden.

Laternenböden

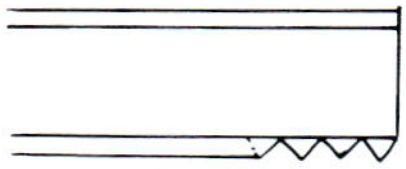

Für einige Laternen werden selbst angefertigte Böden benötigt. Dazu einen Streifen Tonkarton zuschneiden. Die Längenangabe dafür finden Sie in der jeweiligen Beschreibung der Laterne. Alle Streifen sind 12 cm breit. Für die Klebefläche beidseitig je 1 cm zugeben und mit dem Lineal anzeichnen. Die Klebefläche in Zick-Zackform ausschneiden und umbiegen.

Tipp: Wenn der Falz mit dem Cutter vorsichtig angeritzt wird, lassen sich die Zacken problemlos umknicken.

Window-Color-Motive

Für die Window-Color-Motive benötigen Sie Mobilefolie oder Laternenfolien-Zuschnitte, Konturenmittel und Malfarben. Die Vorlage unter der Folie platzieren und die Kontur aufmalen. Nach etwa 4 Stunden Trocknungszeit (beachten Sie die Angaben des Herstellers) das Motiv ausmalen. Nachdem die Farbe gut getrocknet ist (ca. 24 Stunden), können die Motive weiterverarbeitet werden.

Laternen für die Kleinsten

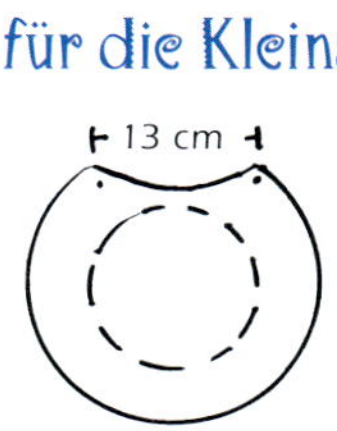

Aus Papptellern mittig einen Kreis von ca. 15 cm Durchmesser ausschneiden. Bei den meisten Papptellern befindet sich dort eine Nut an der Sie sich orientieren können. Bei beiden Tellern auf einer Seite eine Kante abschneiden. Dann werden die Teller mit Bastelfarbe bemalt. Diese Laternen können nur mit batteriebetriebenen Laternenstäben beleuchtet werden. Für kleine Kinder sind es ideale Laternen, da sie besonders leicht sind.

Luftballonlaternen

Grundmaterial

Luftballon, Pinsel, Kleister, buntes Transparentpapier, Lochzange

Den Luftballon zunächst aufblasen. Das Transparentpapier in kleine Stücke reißen und mit Pinsel und Kleister ohne Lücken auf den Ballon kleben. Damit der Ballon später stabil genug wird, sollten drei Lagen Papier übereinander geklebt werden. Für die erste Lage weißes Transparentpapier verwenden. Wenn die erste Lage trocknen ist, kann die zweite Lage und nach nochmaliger Trockenzeit die letzte Schicht aufgeklebt werden. Dann sollte der Ballon 24 Stunden durchhärten, bevor er zerstochen und abgelöst werden kann. Mit der Lochzange die Löcher für den Bügel stechen und die Laterne ist fertig. Weitere Ausgestaltungsmöglichkeiten finden Sie auf den entsprechenden Textseiten.

Beleuchtung

Für alle Laternen können fertige Metall-Kerzenhalter verwendet werden. Diese gibt es für schmale Kerzen oder Teelichter. Dafür mit dem Cutter in den Laternenboden zwei Schlitze schneiden, den Halter einstecken und die Enden umbiegen. Ein Teelicht kann auch mit einem Stück doppelseitigen Klebeband in der Laterne fixiert werden.

Kunterbunt

Tischlaterne Kids

Material

- kleiner, oranger Laternenzuschnitt
- matter Folienzuschnitt
- schwarze Window Color Kontur
- Window Color: haut, gelb, orange, rot, lila, blau, grün, braun

Zunächst werden die Motive auf die Folien gemalt. Nach dem Trocknen werden die Folien von hinten in die Ausschnitte geklebt, die Laterne zusammengesteckt und mit Klebstoff fixiert.

Lustiges Clownsgesicht

Material

- oranger Karton
- Transparentpapier: rot, orange mit Seidenraupen-Design
- blaues Krepp-Papier
- schwarzer Stift
- 2 Pappteller, Ø 23 cm
- roter Biegeplüsch
- 5 bunte Holzperlen

In beide Pappteller je ein Loch von 15 cm Durchmesser schneiden. Das Basisteil mit den Haaren aus Karton, Nase und Mund aus rotem Transparentpapier ausschneiden. Nase und Mund auf das orange Transparentpapier kleben und mit einem schwarzen Stift farblich absetzen. Das Gesicht in den Papp-Ausschnitt kleben und beidseitig auf dem Basisteil fixieren. Zwei Schleifen aus Krepp-Papier zusammenbinden und an den Clown kleben. Auf den Biegeplüsch einige Perlen fädeln und als Bügel am Clown befestigen.

Bunter Ballon

Material

- Luftballon
- Pinsel
- Kleister
- Transparentpapier: weiß, bunte Mischung
- Biegeplüsch: rot- und grünmetallic

Den Ballon zweimal mit weißem Transparentpapier und dann mit den bunten Schnipseln bekleben. Beachten Sie auch die Grundanleitung auf Seite 5. Nachdem der Ballon entfernt ist, wird der Bügel aus verdrilltem Biegeplüsch angebracht.

PPY
THDA

Honigbär & Möhrenhäschen

Fröhlicher Bär

Material

* Karton: braun, schwarz
* braunes Transparentpapier mit Seidenraupen-Design
* Stifte: weiß, schwarz
* 2 Pappteller, Ø 23 cm
* braune Bastelfarbe
* 2 Blüten
* brauner Biegeplüsch

Die Pappteller, wie auf Seite 5 beschrieben, vorbereiten. Augen, Nase und das Basisteil mit den Ohren aus Karton schneiden. Auf dem Transparentpapier Augen und Nase positionieren und bemalen. Die fertigen Gesichter in die runden Ausschnitte kleben. Alles zusammen beidseitig auf dem Basisteil fixieren. Für den Bügel mit einer Lochzange beidseitig der Öffnung Löcher stanzen und den Bügel daran befestigen.

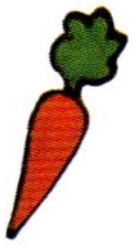

Hase

Material

* großer gelber Laternenzuschnitt
* schwarze Window Color Kontur
* Window Color: orange, rosa, rot, grün, blau, braun

Zuerst die Konturen auf die Laternenfolie, die in der Packung enthalten ist, übertragen. Nach dem Trocknen die Motive farbig ausmalen. Wenn alles trocken ist, die Folien in die Laternenausschnitte kleben. Die Laterne laut der Anleitung zusammenstecken, verkleben und den Bügel einstecken. Fertig ist eine hübsche Tischlaterne für die Osterzeit.

Honig

Marienkäferlicht

Material
- Karton: haut, schwarz
- Motivkarton: „Marienkäfer"
- rotes Transparentpapier
- Stifte: rot, schwarz
- 4 Wackelaugen, Ø 15 mm
- 2 schwarze Pompons, Ø 12 mm
- 4 rote Holzperlen, Ø 10 mm
- Biegeplüsch: rot, schwarz

Den Marienkäferkörper zweimal zuschneiden, mit rotem Transparentpapier hinterkleben und schließlich schwarze Punkte aufmalen. Der Käfer erhält auf der Vorder- und Rückseite jeweils einen Kopf. Den zweiteiligen Kopf zusammenfügen, bemalen und Augen, Nase und Fühler befestigen. An die Fühlerenden jeweils eine rote Holzperle kleben. Für den Laternenboden einen 64 x 12 cm (plus 2 cm!) langen Streifen zuschneiden und nach der Anleitung von Seite 5 fertigstellen. Den Boden zwischen die beiden Körperhälften kleben. Nach dem Trocknen das Gesicht und den Bügel am Körper befestigen.

Bunte Blumen

Blumenwiese

Material

* schwarze Window Color Kontur
* Window Color: gelb, orange, rot, rosa, lila, blau, dunkelblau, grün, dunkelgrün, hellbraun, braun, dunkelbraun, kristallklar
* Wellpappe: grün, blau
* Folienzuschnitt für Runddosen
* 1 Käseschachtel, Ø 15 cm
* Wellenschere
* doppelseitiges Klebeband

Auf den Laternenzuschnitt zunächst das Motiv mit Window Color malen und gut trocknen lassen. Aus der Wellpappe je Farbe einen 3 cm x 52 cm langen Streifen schneiden. Das fertige Motiv mit doppelseitigem Klebeband an den Deckel und Boden der Käseschachtel kleben und die Naht mit Klebstoff fixieren. Abschließend oben und unten die Wellpappenstreifen fixieren.

Blümchen

Material

* großer regenbogenfarbener Laternenzuschnitt
* schwarze Window Color Kontur
* Window Color: gelb, orange, rot, blau, lila

Zuerst die Konturen auf die Laternenfolie, die in der Packung enthalten ist, übertragen. Nach dem Trocknen die Motive farbig ausmalen. Wenn alles trocken ist, die Folien in die Laternenausschnitte kleben. Die Laterne laut der Anleitung zusammenstecken, verkleben und der Bügel einstecken.

Unterwasserleben

Material

* schwarze Window Color Kontur
* Window Color: weiß, gelb, orange, rot, rosa, hellgrün, grün, dunkelgrün, blau, lila, braun
* 3-D-Wellpappe: gelb, blau
* roter Karton
* Mobilefolie
* 2 Wackelaugen, Ø 3 cm
* Folienzuschnitt für Runddosen
* 1 Käseschachtel, Ø 15 cm
* Wellenschere
* doppelseitiges Klebeband
* Drahtbügel

Runde Laterne

Auf den Laternenzuschnitt zunächst das Motiv mit Window Color malen und gut trocknen lassen. Aus der Wellpappe je Farbe einen 3 x 52 cm langen Streifen schneiden. Das fertige Motiv mit doppelseitigem Klebeband an den Deckel und Boden der Käseschachtel kleben und die Naht mit Klebstoff fixieren. Abschließend oben und unten die Wellpappenstreifen fixieren.

Regenbogenfisch

Das Window Color Motiv und der Fischkörper aus rotem Karton werden zweimal, davon je einmal gegengleich, benötigt. Das getrocknete Window Color Motiv jeweils hinter den Fischkörper kleben. Für den Laternenboden wird ein 56 x 12 cm (plus 2 cm!) langer Streifen benötigt und wie in der Anleitung von Seite 5 beschrieben vorbereitet. Den Streifen zwischen die Fischhälften kleben. Zuletzt die Wackelaugen aufkleben, das Gesicht sowie Flossenstreifen aufmalen und den Bügel befestigen.

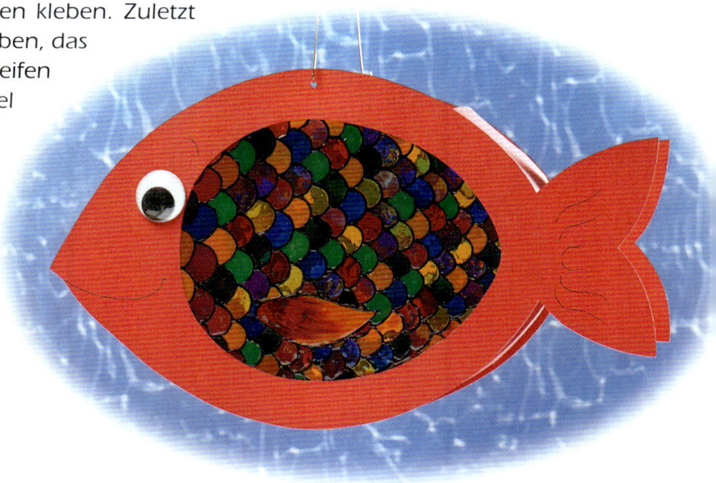

Papptellerfisch

Material

* blau/gelber Karton mit Punkten
* Transparentpapier: hellblau und bunte Reste
* Krepp-Papier: blau, grün
* schwarzer Stift
* 2 Pappteller, Ø 23 cm
* blaue Bastelfarbe
* 2 Wackelaugen, Ø 20 mm
* Biegeplüsch

Die Pappteller laut der Anleitung von Seite 5 vorbereiten. Auf das hellblaue Transparentpapier die bunten Schnipsel kleben. Dann das Transparentpapier in dem runden Ausschnitt fixieren. Das ausgeschnittene Basisteil mit Kopf und Flossen zwischen die Teller kleben. Etwas Krepp-Papier fransig schneiden und als Schwanz am Fisch befestigen. Nun die Augen aufkleben, den Mund aufmalen und den Bügel befestigen.

Luftballon-Krake

Material

* Luftballon
* Pinsel
* Kleister
* Transparentpapier: weiß, rot, grün, dunkelgrün
* grüne Wellpappe
* grünes Krepp-Papier
* grüner Biegeplüsch
* schwarzer wasserfester Filzstift

Den Ballon zunächst einmal mit weißen, dann mit grünen, zuletzt mit dunkelgrünen Transparentpapierschnipseln bekleben. Beachten Sie die Grundanleitung von Seite 5. Für die Augen eine Vorlage herstellen und die Umrisse auf den Ballon übertragen. Nach dem Auslösen des Ballons mit einer Schere die Augen ausschneiden und mit rotem Transparentpapier hinterkleben. Aus der Wellpappe einen 2,5 cm x 39 cm langen Streifen schneiden. Von einer Rolle Krepp-Papier 39 cm abschneiden und der Länge nach zur Hälfte falten. In den Falz den Wellpappenstreifen kleben und das Krepp-Papier fransig schneiden. Den Streifen zum Ring schließen und den Ballon in dem Ring fixieren. Mit einem Filzstift die Augen umranden und den Mund aufmalen. Den Bügel aus Biegeplüsch anbringen und der Krake kann in die Nacht leuchten.

Katz und Maus

Material

- Karton: rosa, blau
- Happy Paper: Motiv „Mäuschen"
- oranges Transparentpapier mit Seidenraupen-Design
- Stifte: hellblau, schwarz
- 8 Wackelaugen, Ø 12 mm
- 4 braune Pompons, Ø 10 mm
- Biegeplüsch: blau, hellblau
- silberner Draht
- Stopfnadel
- Schaschlikspieß

Alle Teile in der benötigten Anzahl ausschneiden. Die rosa Nase auf den Katzenkopf kleben und den Kopf mit einem hellblauen Buntstift bemalen. An der Schnauze an den markierten Stellen mit einer Nadel kleine Löcher stechen. Vom Draht (je Kopf) drei ca. 15 cm lange Stücke abschneiden. Den Draht durch die Löcher stecken und beidseitig um einen Schaschlikspieß wickeln. Auf der Rückseite wird der Draht noch mit Klebstoff fixiert. Die Katzenkörper, einer muss gegengleich zugeschnitten werden, mit Transparentpapier hinterkleben und den fertigen Kopf darauf platzieren. Auf die Mäuseköpfe Augen und Pompon-Nasen kleben und mit den Pfoten zusammen auf der Katze fixieren. Einen hell- und dunkelblauen Biegeplüschdraht miteinander verdrehen und als Bügel an der Laterne befestigen.

Schnecke Hildegard

Material

* roter Schnipselkarton
* Regenbogentransparentpapier
* 2 Wackelaugen, Ø 20 mm
* 2 rosa Holzperlen, Ø 12 mm
* 3 pinkfarbene Biegeplüschdrähte
* schwarzer Filzstift
* 4 Blumen

Den Schneckenkörper zweimal zuschneiden, davon einmal gegengleich, und mit Regenbogentransparentpapier hinterkleben. Augen aufkleben und den Mund aufmalen. Für den Laternenboden einen 66 cm x 12 cm (plus 2 cm!) langen Streifen zuschneiden. Nach der Anleitung von Seite 5 fertigstellen und an den Rändern des Schneckenkörpers entlang aufkleben. Nach dem Trocknen mit Biegeplüschfühlern und Blumen verzieren. Mit einer Lochzange zwei Löcher für den Bügel stechen. Zwei Biegeplüschdrähte miteinander verdrillen, als Bügel durch die Löcher stecken und umbiegen.

Gruselige Wegbegleiter

Kürbismonster

Material

- grüner Karton
- Transparentpapier:
  rot, grün mit Spinnennetzmuster
- 2 Pappteller, Ø 23 cm
- schwarzer Filzstift
- orange Bastelfarbe
- grüner Lackdraht
- Holzstreuteile: Halloween-Motive
- Biegeplüsch: gelb, grün

Die Pappteller, wie in der Anleitung von Seite 5 beschrieben, vorbereiten. Die Kreisausschnitte mit dem grünen Transparentpapier hinterkleben. Die roten Augen ausschneiden, aufkleben und das Gesicht malen. Das Basisteil mit Haaren, Händen und Füßen ausschneiden und zwischen den Tellern fixieren. Nun den Lackdraht um einen Stift wickeln. Streuteile daran fixieren und dem kleinen Monster in die Hände geben. Zuletzt die Löcher für den Bügel stechen und den Biegeplüschbügel daran befestigen.

Tischlaterne Halloween

Material

- kleiner regenbogenfarbiger Laternenzuschnitt
- Transparentpapier: orange mit Hexen
- weißer Karton
- Stifte: rot, schwarz
- grüne Grasfaser

Acht Geister ausschneiden und bemalen. Den Laternenzuschnitt mit dem Hexen-Transparentpapier hinterkleben, zusammenstecken und mit Klebstoff fixieren. Mit den Geistern und der Grasfaser verzieren.

Zur Halloweenzeit

Kürbislicht

Material

* Luftballon
* Pinsel
* Kleister
* Transparentpapier: weiß, gelb, orange, grün
* grüner Biegeplüsch
* schwarzer Filzstift

Den Ballon zunächst mit weißem, dann orangefarbenem und zum Schluss mit gelbem und orangefarbenem Transparentpapier bekleben. Bitte berücksichtigen Sie die Grundanleitung von Seite 5. Für Augen und Mund eine Schablone herstellen und die Konturen auf den getrockneten Ballon übertragen. Nachdem der Ballon entfernt ist, werden die aufgezeichneten Teile mit einer Schere ausgeschnitten und mit grünem Transparentpapier hinterklebt. Die Konturen von Augen und Mund mit einem Filzstift nachzeichnen. Abschließend den Biegeplüschbügel anbringen.

Kürbis-Tischlaterne

Material

* kleiner schwarzer Laternenzuschnitt
* klarer Folienzuschnitt
* schwarze Window Color Kontur
* Window Color: orange, grün, dunkelgrün, braun
* Efeugirlande

Mit der Konturenfarbe das Motiv auf die Folie übertragen und ausmalen. Nach dem Trocknen die Bilder hinter die Laternenausschnitte kleben. Die vorgefalzte Laterne zusammenstecken und mit Klebstoff fixieren. Zum Schluss mit der Efeugirlande schmücken.

Geisterstunde

Material

* großer weißer Laternenzuschnitt
* weißer Karton
* Transparentpapier: rot, schwarz mit weißen Gespenstern
* Stifte: rot, schwarz
* Heißklebepistole
* blauer Lackdraht

Die kleinen Geister sechsmal ausschneiden und bemalen. Den Draht um einen Stift wickeln und die Geister daran kleben. Den großen Geist zweimal zuschneiden. Augen und Mund mit rotem, den Bauch mit Gespenster-Transparentpapier hinterkleben. Den ersten und dritten Laternenausschnitt ebenfalls mit Gespenster-Transparentpapier hinterkleben. Die vorgefalzte Laterne zusammenstecken und mit Klebstoff fixieren. Auf die noch freien Ausschnitte die großen Geister kleben. Zuletzt die kleinen Geister am Draht mit der Heißklebepistole hinter den Gespensterhänden fixieren.

Vampir

Material

* großer, blauer Laternenzuschnitt
* Karton: weiß, grau
* Transparentpapier:
  rot, grün, weiß mit Fledermäusen
* Stifte: rot, schwarz
* roter Lackdraht
* Drahtbügel

Alle Fenster des Laternenzuschnittes mit Fledermaus-Transparentpapier hinterkleben. Auf zwei davon den Vampirkörper legen, Augen und Mund aufzeichnen und grob ausschneiden. Die Augen mit grünem und den Mund mit rotem Transparentpapier hinterkleben. Nun die Laterne zusammenstecken und mit Klebstoff fixieren. Die beiden Vampire auf die Laterne kleben. Kleine Geister ausschneiden, bemalen und an den zu einer Spirale gedrehten Draht kleben. Den Draht anschließend über den fertigen Bügel schieben und …

… die Vampirlaterne ist fertig für den Ausflug in die Nacht.

Höhlenmonster

Material

* großer, roter Laternenzuschnitt
* Transparentpapier:
  rot, grün, schwarz mit Skeletten
* oranger Karton
* naturfarbene 3-D-Wellpappe
* Stifte: braun, schwarz
* schwarzer Bast
* roter Lackdraht
* Holzperlen

Zunächst alle Einzelteile ausschneiden. Die Augen mit grünem und den Mund mit rotem Transparentpapier hinterkleben. Nun auf den Wellpappekörper den Kopf, die Arme und die Beine kleben. Alle Teile bemalen und hinten am Kopf etwas Bast fixieren. Den Monsterbauch und zwei der Laternenausschnitte (1. und 3. Fenster) mit schwarzem Transparentpapier mit Skeletten hinterkleben. Die Laterne zusammenstecken, mit Klebstoff fixieren und die beiden Monster ankleben. Einige Perlen auf den Lackdraht fädeln und um einen Stift wickeln. Diese Perlenspirale über einen fertigen Laternenbügel schieben und an der Laterne befestigen.

Weihnachtliche Tischlaternen

Engel

Material

- kleiner, goldfarbener Laternenzuschnitt
- weißes Transparentpapier mit goldenen Sternen
- Karton: weiß, gelb
- Stifte: gelb, orange, rot, rosa, blau, grün
- rote Holzsterne

Beide Tischlaternen zunächst mit dem entsprechenden Transparentpapier hinterkleben, zusammenstecken und mit Klebstoff fixieren. Dann die einzelnen Motive ausschneiden, zusammenkleben und bemalen. Zuletzt werden die Laternen mit Streuteilen oder Watte dekoriert.

Schneemann

Material

- kleiner, weißer Laternenzuschnitt
- Transparentpapier mit Schneekristallen
- Karton: weiß, blau
- Stifte: orange, rot, schwarz
- Bastelwatte